Ich bin genauso wertvoll wie Du

Von Kindern für Kinder

Band 1

Bibliografische Information der Deutschen Nationalbibliothek:
Die Deutsche Nationalbibliothek verzeichnet diese Publikation
in der Deutschen Nationalbibliografie; detaillierte
bibliografische Daten sind im Internet über dnb.dnb.de
abrufbar.

Herstellung und Verlag
BoD- Books on Demand
Norderstedt

ISBN 9783746033129

Inhalt

Vorwort

Ich bin genauso wertvoll wie Du!

Mit unseren Bänden möchten wir den Kindern auf der ganzen Welt zeigen, dass wir alle gar nicht so verschieden sind, wie wir manchmal vielleicht annehmen. Durch die Geschichten aus verschiedenen Städten und Ländern lassen sich Gemeinsamkeiten erkennen.

Den Kindern eine Stimme geben, Mobbing und Vorurteilen entgegen wirken. Das ist unser Ziel!

Für ein friedliches und respektvolles Miteinander!

Eigentlich ganz einfach!

Ich heiße Jason und bin acht Jahre alt. Ich wohne mit meiner Mama in New York. Mein Papa wohnt nicht mehr bei uns, aber ich sehe ihn ganz oft. Früher habe ich manchmal gehört, wie sie sich gestritten haben. Das fand ich nicht so gut. Als ich gefragt habe, warum Papa auszieht, haben meine Eltern mir gesagt, dass das so ist, weil sie immer wieder streiten. Bei den Eltern meiner Freunde habe ich auch schon gesehen, dass der Papa dort eine andere Wohnung hat. Irgendwie finde ich das komisch.

Wenn ich Streit mit meinen Freunden habe,

sagen die

Erwachsenen immer, dass

wir uns doch einfach wieder vertragen sollen.

Das klappt dann auch ganz oft und wir spielen

dann wieder zusammen. Sich nach einem Streit

zu vertragen, dass ist eigentlich ganz einfach.

Am Wochenende haben Mama, Papa und ich

einen Ausflug gemacht. Das war wie früher. Alle

haben gelacht und hatten Spaß. Papa besucht

uns jetzt auch wieder öfter. Aber wenn ich die

Beiden frage, ob er wieder bei uns einzieht,

behaupten sie immer noch, dass das nicht geht. Alles nur wegen den Streitereien.

Aber eigentlich ist doch alles wie früher. Ich gehe mit Papa Fußball spielen, wir gehen alle gemeinsam zum Schulfest oder ins Kino.

Wenn nur der Streit der Grund für ihre Trennung ist, haben sie vielleicht nur vergessen, wie das mit dem Vertragen geht. Mama hat mir erzählt, dass Papa heute zum Essen bleibt. Da hatte ich eine Idee! Den Beiden fehlte einfach nur ein wenig Romantik. Was das genau ist, weiß ich aber auch nicht. Ich weiß nur, dass das was mit Kerzenlicht und Essen zu tun hat.

Erwachsene sitzen sich dann gegenüber und sagen, wie doll sie sich lieb haben. Meinen

Vorschlag, dass Mama und Papa einfach rüber in die Pommesbude gehen und sich dort an einen Tisch setzen, fand aber keiner von beiden toll. Sie haben sich angesehen und darüber gelacht.

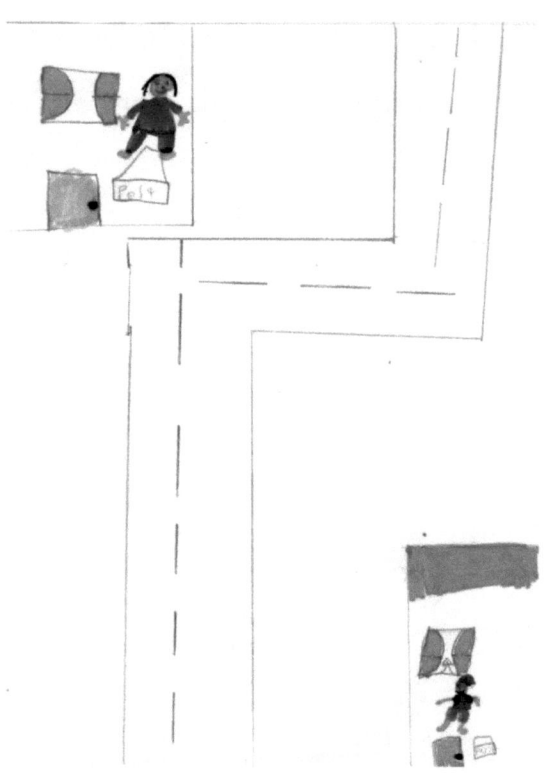

Beim Fußball sagt Papa immer, dass ich nicht vergessen darf, dass wir nicht nur eine Mannschaft, sondern auch ein Team sind. Hm, vielleicht müssen meine Eltern auch wieder einfach nur ein Team werden. Aber den Vorschlag haben sie irgendwie auch nicht verstanden. Also geändert hat sich seitdem bei uns eigentlich nichts.

Papa hat immer noch eine eigene Wohnung und besucht uns. Allerdings streiten meine Eltern nicht mehr und das ist dann eben auch wie früher. Nur anders.

Wir gehen immer noch gemeinsam zum Schulfest, ins Kino oder machen Ausflüge.

Auch wenn wir nicht mehr zusammen wohnen, sind Mama und Papa für mich da.

Manchmal werde ich gefragt, wie das für mich ist, dass meine Eltern sich getrennt haben.

Ich sage dann immer:
„ Klar, ich bin manchmal traurig und wünsche mir auch, dass alles wie früher ist. Aber wir unternehmen viel gemeinsam, lachen viel und haben trotzdem Spaß.
Das ist wie in anderen Familen auch. Eben nur irgendwie anders.
Eigentlich ganz einfach!

Glitzer – Dinos

Mein Name ist Sarah. Ich bin acht Jahre alt und komme aus Duisburg. Ich bin in der zweiten Klasse.

Eigentlich gehe ich da nicht mehr so gern hin, weil ich ganz oft geärgert werde. Wie heute.

Ein Mädchen aus meiner Klasse ist sehr beliebt und hat auch viele Freunde. Immer, wenn es etwas Neues zu Kaufen gibt, hat sie es von allen zuerst. Die anderen Kinder stehen dann in der Pause immer um sie herum. Heute kam sie mit einer neuen Jacke in die Schule. Da waren tolle Glitzer – Dinos drauf !

Ich bekomme nicht so oft neue Sachen, denn die kosten viel Geld und ich weiß, dass wir nicht so viel davon haben. Die Jacke finde ich aber trotzdem toll und wünsche mir genauso eine. Aber zu Hause erzähle ich das nicht, weil meine Eltern dann traurig sind. Ja, ich glaube, es macht sie richtig traurig, wenn sie mir keine neuen Sachen kaufen können.Mama hat sogar mal geweint.

Ich werde in der Schule geärgert, weil ich nicht so coole Klamotten habe wie die anderen. Warum die das machen, verstehe ich aber nicht. Es ist ja nicht so, dass ich die tollen Sachen nicht kaufen will. Es geht eben nur nicht.

Wir waren noch nie in einem Freizeitpark oder im Urlaub. Deshalb habe ich mich auf den Schulausflug riesig gefreut. Ein wirklich schöner Tag war es aber trotzdem nicht, weil ich auch wieder geärgert wurde.

Meine Mutter war extra für den Ausflug einkaufen. Als ich meinen Rucksack aufgemacht habe, haben die anderen Kinder mich ausgelacht. Sie haben gesagt, auch da wären ja nicht einmal originale Sachen drin.

Ich bin immer froh, wenn Wochenende ist, oder Ferien. Dann muß ich nicht in die Schule und keiner kann mich ärgern. Dann spiele ich mit meiner Freundin. Sie wohnt ein paar Straßen weiter und hat auch immer die neuesten Sachen. Aber gemein ist sie trotzdem nicht.

Angefreundet haben wir uns auf dem Spielplatz. Ich war alleine dort, weil wieder niemand mit mir spielen wollte. Sie war auch alleine dort, weil ihre Familie gerade erst hierher gezogen ist.

Jede von uns hatte ein Springseil dabei und wir hatten richtig Spaß. Seit diesem Tag sind wir Freunde.

Alles anders

Ich heiße Nesrin und bin zehn Jahre alt. Ich wohne mit meiner Familie in Deutschland und gehe in die fünfte Klasse einer Gesamtschule. Früher haben wir in Afghanistan gelebt. Dort ist Krieg. Meine Eltern haben gesagt, dass wir von dort weggegangen sind, weil sie Angst hatten, dass meinen Geschwistern und mir etwas passieren könnte.

Hier ist alles anders. Man geht morgens in die Schule und trifft sich nachmittags mit Freunden. Wir haben eine schöne Wohnung und ich habe sogar ein eigenes Zimmer.

In Afghanistan hatten wir ein großes Haus. Wir haben dort viel Zeit mit der ganzen Familien verbracht. Irgendwann war aber alles kaputt. Unser schönes Haus war auf einmal zerstört. Meine Freunde und ich hatten Angst davor, spielen zu gehen. Überall wo vorher Häuser standen, waren jetzt nur noch Steine und Staub. Wir haben bei meinen Großeltern gewohnt. Hier war auch vieles kaputt, aber man konnte dort immer noch wohnen. Wir mußten immer in der Nähe von unseren Eltern bleiben, aber wir hätten uns auch nicht getraut, draußen spielen zu gehen. Spielsachen hatte ich fast keine mehr. Nur eine Puppe. Auf die Puppe habe ich auch immer aufgepasst. Sie war das Einzige, dass ich noch zum Spielen hatte.

Irgendwie war alles weg. Unser Haus und alles was darin war. Möbel, Teller, Tassen, unsere Kleidung, Spielsachen. Hier kann man Essen und Trinken kaufen. Dort ging das nicht. Alles zerstört. Alles wegen dem Krieg. Ich hatte ganz oft Angst.

Angst habe ich heute keine mehr. Wir stehen morgens auf und sitzen alle zusammen am Frühstückstisch. Meine Geschwister und ich gehen dann in die Schule und unser Papa zur Arbeit. Wenn wir aus der Schule kommen, hat Mama schon gekocht und wartet auf uns damit wir alle gemeinsam essen können. Dann erzählen wir, wie es in der Schule war.

Manchmal sind dann auch lustige Geschichten dabei. Wenn wir mit den Hausaufgaben fertig sind, gehen wir auf den Spielplatz und wenn es regnet, spielen wir eben einfach in unseren Zimmern.

Spielzeug haben wir ja jetzt. Mein Bruder spielt gern mit seinen Autos und dem kleinen Parkhaus. Meine kleine Schwester malt gerne oder spielt mit ihren Puppen. Ich habe Spiele, Puppen, Malsachen und ein Puppenhaus in meinem Zimmer. In der neuen Schule habe ich auch wieder ganz schnell Freunde gefunden. Als wir gerade hier waren, war das etwas schwieriger für mich, weil ich die anderen Kinder noch nicht verstanden habe.

Aber heute ist alles anders.

Das sagt man nicht!!!

Ich bin Marc, dreizehn Jahre alt und komme aus Mönchengladbach. In meiner Freizeit spiele ich Fußball oder treffe mich mit meinen Freunden. Ich finde, dass es für uns Jugendliche viel zu wenig Orte gibt, an denen wir etwas gemeinsam unternehmen können. Treffen sich dann nachmittags mal mehrere von uns, gibt es immer wieder Erwachsene, die sich sofort gestört fühlen.

Auf dem Spielplatz hieß es schon oft, dass wir doch eigentlich schon viel zu alt wären, um uns dort aufzuhalten und wir doch bitte Rücksicht auf die Kleineren nehmen sollten. Rücksicht? Wir machen doch nichts und stören doch niemanden.

Nein, wir treffen uns an der Tischtennisplatte,

chillen und quatschen.

Aber für die Eltern, die mit ihren Kindern ebenfalls dort sind, ist das scheinbar schon Grund genug, uns fort zu schicken. Wenn wir dann mal nachfragen, warum sie sich durch unsere Anwesenheit gestört fühlen, heißt es sofort, wir verhalten uns ihnen gegenüber repektlos und sind vorlaut.

Hinter den Häusern der Wohnanlage ist eine große Wiese. Fußball spielen dürfen wir hier aber auch nicht. Sobald wir ein Spiel begonnen haben, ist da immer sofort dieser Opa. Er wohnt im zweiten Stock und wartet scheinbar nur auf uns, damit er was zu meckern hat. Nach ein paar Minuten reißt er sein Fenster auf und ruft, dass wir machen sollen, dass wir da weg kommen!

Würden wir ja gerne. Uns gefällt es auch nicht, dass wir kaum Möglichkeiten haben unsere Freizeit irgendwo zu verbringen. Aber der Sportplatz ist geschlossen und wenn er dann mal offen ist, dürfen wir da auch nicht hin. Dann heißt es, dass da jetzt ein Verein trainiert. Toll.

Als der Opa eines Tages wieder sein Fenster öffnete und anfing zu meckern, da habe ich ihm das aber auch genauso gesagt. Was sagt er?

„ Hab`nicht so `ne große Klappe, Freundchen!"

Hä? Was war denn jetzt wieder falsch? Ich habe ihn nicht beleidigt oder schlimme Dinge gesagt, sondern nur versucht zu erklären, warum wir dort sind.

Aber einmal, als er wieder schimpfte, da habe ich wirklich eine große Klappe gehabt.

" Hallooo? Waren Sie denn nie in unserem Alter? Schon erwachsen auf die Welt gekommen, was? Vielleicht ist es im Altenheim ja ruhiger!"

Gut, das mit dem Altenheim...das hat mir nachher schon irgendwie leid getan. Aber den ganzen Tag rummeckern, dass kann er ja auch nicht. Hat er an diesem Tag auch nicht. Nicht an diesem Tag, denn da war er sofort bei meinen Eltern petzen!

Er sagte, ich hätte keinen Respekt vor Älteren und würde mit meinen Freunden jeden Tag nur Lärm machen. Respekt – und rücksichtslos, das wären wir!

Dann hat er meinen Eltern noch erzählt, dass sein Vater ihm damals wohl die Ohren lang gezogen hätte, wenn er sich so verhalten hätte.

Wie haben sie reagiert? Sie haben mich vor diesem Opa zu sich an die Tür gerufen und mir eine Ansage gemacht! Zum Schluss haben sie dann noch gesagt:

„ Marc, dass sagt man nicht!"

Wir Kinder dürfen also nicht sagen, dass es uns stört wenn wir nirgendwo spielen können. Für den Spielplatz sind wir angeblich zu alt, auf großen Wiesen, wo eigentlich genug Platz zum Spielen ist, sind wir nicht willkommen und der Freizeittreff hat nur einmal in der Woche *geöffnet. Wir ärgern niemanden. Gut, Blödsinn machen wir auch schon mal.*

Aber geschadet haben wir keinem. Wir nehmen Rücksicht. Warum darf ein Erwachsener einfach alles sagen und warum regt sich jeder sofort auf, wenn wir dann genauso antworten? Mein Vorschlag:

Liebe Erwachsenen,

bitte hört uns doch auch mal zu! Schimpft nicht sofort los und bitte behauptet auch nicht immer, wir hätten kein Benehmen. Wir sind nicht mehr wirklich klein, aber immer noch Kinder, die einen Ort zum Spielen brauchen...und Ja, manchmal sind wir dann vielleicht auch etwas lauter. Das liegt daran, dass wir Spaß haben und das sollte euch doch auch mal freuen, oder?

Einfach darüber reden

Ich heiße Jan, bin neun Jahre alt und wohne in Bremen. Ich gehe in die dritte Klasse einer Grundschule. In der Schule verstehe ich mich eigentlich mit allen anderen ganz gut und hatte dort noch nie richtigen Streit. Das finde ich gut. Unsere Lehrer sind auch nett. Trotzdem habe ich manchmal etwas Bauchweh, wenn ich in die Schule gehe. Das sind dann die Tage, an denen wir eine Klassenarbeit schreiben. Ich bin dann immer sehr aufgeregt. Ich glaube, den anderen aus meiner Klasse fällt das Lernen viel leichter als mir. Sie schreiben auch bessere Noten als ich. Der Junge, der neben mir sitzt, ist sehr gut in der Schule. Er hat mir mal erzählt, dass er noch nie lange für eine Klassenarbeit geübt hat.

Ob das wirklich stimmt, weiß ich nicht. Auf jeden Fall ist er nicht so aufgeregt wie ich. Wenn wir unsere Arbeiten zurück bekommen, würde ich am Liebsten gar nicht nachsehen, welche Note ich dieses Mal bekommen habe. Ein Freund von mir war damals in der gleichen Klasse wie ich. Er konnte auch nicht so gut lernen und irgendwann hat unserer Lehrerin dann seine Eltern angerufen und ihnen erzählt, dass er das Schuljahr wiederholen muß. Er war ganz schön traurig. Seitdem habe ich Angst, dass ich auch ein Schuljahr wiederholen muß. Alle meine Freunde sind in der dritten Klasse und ich würde sie dann nur noch in den Pausen sehen. Ich bin nicht so gut in der Schule und wenn ich daran denke, dass meine Lehrerin vielleicht auch meine Eltern anrufen könnte, habe ich schon wieder Bauchweh. Die wären bestimmt enttäuscht.

Für schlechte Noten habe ich noch nie Ärger zu Hause bekommen. Meine Eltern sagen zwar immer, ich soll mich mehr anstrengen oder noch mehr üben, aber geschimpft haben sie deshalb nicht. Das finde ich gut. Vor der letzten Klassenarbeit hat Mama wieder mit mir geübt. Wir haben solange geübt, bis ich alles verstanden habe. Warum kann meine Mama nicht einfach unsere Lehrerin sein ? Ich kann sie immer fragen, wenn ich etwas nicht verstanden habe und sie erklärt es mir dann immer wieder. Bei meiner Lehrerin traue ich mich das nicht.

Sie ist immer nett und hilft uns auch, wenn wir etwas nicht verstanden haben.

Aber mir das peinlich. Wenn ich sie ganz oft fragen muß, wie das geht, denkt sie vielleicht nachher ich bin doof. Vielleicht würden die anderen Kinder mich auch auslachen. Dann frage ich lieber gar nicht.

Bei der letzten Klassenarbeit war ich mir abends noch sicher, dass ich es diesmal schaffe. Aber als ich am nächsten Morgen dann vor den Aufgaben saß, war es so als ob ich gar nicht gelernt hätte. So aufgeregt war ich. Als wir die Arbeit wieder bekommen haben, stand da eine fünf. Ich war ganz schön traurig. Mein Nachbar, der nie richtig lange üben muß, hatte wieder eine eins. Das habe ich gesehen.

Als er mich gefragt hat, ob er mal meine Arbeit sehen dürfte, habe ich einfach nein gesagt und das Heft ganz schnell in meine Schultasche gepackt.

Auf dem Weg nach Hause habe ich dann überlegt, was meine Eltern dazu sagen werden.

Mama hat ja ganz lange mit mir geübt und als sie gesehen hat, dass ich alles verstanden habe, war sie sich sicher, dass ich eine gute Note bekommen werde. Und jetzt?

Jetzt ist sie ganz bestimmt enttäuscht. Als ich zu Hause war, hat sie schon auf mich gewartet. Ich glaube, sie war richtig gespannt auf die Note. Dann habe ich ihr das Heft gegeben und sie hat die fünf unter der Klassenarbeit gesehen.

Aber geschimpft hat sie auch dieses Mal nicht. Sie hat gesagt, dass wir nachmittags in Ruhe darüber sprechen, wenn mein Papa auch zu Hause ist. Oh, oh! Ich habe gedacht, dass ich jetzt zum ersten Mal doch richtigen Ärger bekomme. Als wir alle am Tisch saßen, hat Papa mich gefragt:

„ Jan, was ist los? Warum kannst Du Deine Aufgaben zu Hause, wenn wir üben und in der Schule nicht?

Ich verstehe das nicht. Wenn das so weitergeht, wirst Du die Klasse wiederholen müssen."

Jetzt hatte er genau das gesagt, wovor ich solche Angst hatte.

Hm, sollte ich jetzt was sagen oder lieber meinen
Mund halten und einfach abwarten bis keiner
mehr etwas sagt? Oder sollte ich meinen Eltern
einfach mal erzählen, was wirklich los ist?

„ Ich habe Angst.“

„ Wovor?“

„ Na, vor den Klassenarbeiten.“

„ Warum?“

„ Weil ich sowieso nicht so gut in der Schule bin
und manche Dinge einfach nicht verstehe.

Wenn ich dann aber mit Euch gelernt habe,
dann geht das oft. Am nächsten Morgen fühle
ich mich dann aber in der Schule so, als ob ich
diese Aufgaben noch nie gesehen hätte. Dann
klappt gar nix mehr.“

„ Aber wenn Du sagtst, dass Du auch manche Dinge im Unterricht nicht verstehst, warum fragst Du nicht einfach Deine Lehrerin, ob sie Dir das nochmal erklärt?"

„ Na, weil ich nicht möchte, dass sie denkt, dass ich doof bin. Die anderen verstehen es ja auch. Außerdem möchte ich nicht von meinen Mitschülern ausgelacht werden."

„ Haben sie Dich denn schon einmal ausgelacht?"

„ Nein."

„ Und warum hast Du Angst davor, dass sie es tun könnten?"

„ Ich habe vor vielen Dingen Angst. Davor, dass ich ausgelacht werden könnte.

Davor, dass jemand mich für dumm hält. Davor, dass die nächste Klassenarbeit wieder eine fünf wird. Ich glaube, dass ich einfach kein guter Schüler bin und das auch niemals werde. Dann denke ich, dass ihr ganz bestimmt enttäuscht seid, weil ich es einfach nicht schaffe, eine gute Note zu schreiben. Die Eltern von dem Jungen, der neben mir sitzt, die freuen sich bestimmt immer, wenn er seine Arbeit mit nach Hause bringt. Der schreibt fast immer eine eins. Ich kann das einfach nicht. Immer, wenn ich weiß, dass wir eine Klassenarbeit schreiben, bin ich aufgeregt. Manchmal so sehr, dass ich Bauchweh bekomme.

Ich glaube, dass liegt daran, weil ich vorher schon weiß, dass ich wieder eine schlechte Note bekommen werde. Ich habe auch große Angst davor, dass ich die Klasse wiederholen muß."

So, jetzt hatte ich meinen Eltern zum ersten Mal erzählt, was los ist.

Meine Eltern haben sich angesehen und erst einmal gar nix gesagt. Dann hat mein Papa doch was gesagt:

„ Jan, es tut mir leid. Es tut mir leid, dass ich Dich bei einer schlechten Note immer wieder darauf hinweise, dass Du die Klasse vielleicht wiederholen mußt, wenn Deine Noten nicht besser werden. Ich dachte, dass Du Dich einfach mehr anstrengen mußt.

Das Du Angst davor hast, sitzen zu bleiben, dass habe ich nicht gewußt.

Du barauchst auch keine Angst davor zu haben, dass jemand glauben könnte, dass Du dumm bist. Niemand weiß immer alles.

Auch ich muß manchmal bei der Arbeit nachfragen. Das ist überhaupt nicht schlimm. Es ist sogar gut, wenn man nachfragt.

Stell Dir mal vor, ich hätte etwas nicht verstanden und würde nicht fragen. Dann könnte es sein, dass ich wirklich einen Fehler mache.

Dein Mitschüler, der wie Du sagst, nie wirklich richtig üben muß, na ja...auch das bedeutet nicht, dass Du dumm bist.

Es wird immer jemanden geben, der etwas besser kann als man selbst. Hast Du gewußt, dass das sogar gut ist? So kann man sich gegenseitig helfen."

Das stimmt! Jetzt, wo Papa das so sagte, fiel mir plötzlich wieder ein, dass es tatsächlich etwas gibt, dass ich viel besser konnte als mein Mitschüler. Der mochte den Kunstunterricht nämlich überhaupt nicht, weil er nicht so gut zeichnen kann.

Ich hingegen kann das sehr gut und bekomme im Kunstunterricht immer sehr gute Noten. Wie oft hat er mich schon gebeten, ihm zu helfen?

Das habe ich auch immer getan. Wenn darüber nachdenke, habe ich ja auch nie geglaubt, dass dieser Junge zu doof zum Malen ist...und er hat sich auch nicht dafür geschämt, mich zu fragen.

Mama sah mich an und sagte:

„ Jan, bitte glaube niemals, dass wir enttäuscht sind, wenn Du eine schlechte Note schreibst.

 Wir haben Dich sehr lieb. Es gibt nichts, was daran etwas ändern könnte."

Das komische Gefühl, dass ich bis eben noch hatte, war auf einmal weg. Ich hatte keine Angst und auch kein Bauchweh.

Ich war froh, endlich alles erzählt zu haben. Am nächsten Tag sind meine Eltern mit mir zur Schule gegangen und haben mit der Lehrerin gesprochen.

Darüber, dass ich vor jeder Arbeit Bauchweh hatte und darüber, dass ich mich nicht getraut habe, nachzufragen. Meine Lehrerin hat das verstanden und war auch wieder richtig nett. Gemeinsam mit meinen Eltern wollen wir jetzt eine Lösung finden.Niemand hat geschimpft, keiner war enttäuscht. Manchmal ist es eben doch gut, einfach über seine Ängste zu reden.

Multi – Dingsda!

Mein Name ist Mia, ich bin neun Jahre alt und komme aus Berlin. Mein Bruder heißt Jannik und ist elf Jahre alt. Nach der Schule spiele ich immer gern mit meinen Freundinnen. Jannik trifft sich dann auch immer mit seinen Freunden. Da dürfen wir aber nie mitspielen und das finde ich doof. Jannik sagt immer, dass Mädchen keine Ahnung von Sachen haben, die Jungs in ihrer Freizeit machen. Er glaubt auch, dass wir kein Fußball spielen können, sondern uns nur für Mädchenkram interessieren. Bei uns hinter dem Spielplatz ist ein großes Feld. Als ich mit meinen Freundinnen auf dem Spielplatz war, haben wir gesehen wie Jannik und die anderen Jungs ganz viele Holzbretter aufs Feld getragen haben.

Da waren große und kleine dabei. Ich glaube, die haben sie um die Ecke gefunden. Da wurde heute nämlich Sperrmüll rausgestellt. Weil wir wissen wollten, was die Jungs damit machen wollten, sind wir auch zum Feld gegangen und ich habe Jannik gefragt:

„ Jannik, was macht ihr da?"

„ Wir bauen uns eine Hütte."

„ Oh, toll! Dürfen wir mitmachen?"

„ Nein, dass ist nix für Mädchen. Das hier wird eine Hütte, in die keine Mädchen dürfen! Wir wollen hier unsere Ruhe haben."

„ Aber….."

„ Nix aber…hau ab!"

„ Na warte, wenn ihr uns nicht mitspielen laßt, dann sag ich Mama, dass du etwas Verbotenes getan hast! Die Bretter sind nämlich alle vom Spermüll...und das heißt, ihr habt sie dort geklaut!"

„ Das nennt man Recycling! Jemand hat das, was er nicht mehr braucht, zum Sperrmüll gestellt. Also weggeworfen. Wir bauen jetzt daraus eine Hütte. Das bedeutet, dass wir das, was eigentlich in den Müll sollte, einfach für etwas anderes weiter verwenden. Also haben wir nix geklaut. Im Gegenteil, recycling ist gut für die Umwelt. So, du Petzliese, ich sage ja immer, dass Mädchen keine Ahnung haben!"

„ Und ich sage, wenn man etwas nimmt, was anderen gehört, ist es geklaut! Mal sehen, was Mama dazu sagt!"

Jannik hat ganz schön dumm geguckt. Ich glaube, er wollte nicht, dass ich unserer Mutter was davon erzähle. Auf jeden Fall durften wir Mädchen alle mitmachen und das hat Spaß gemacht! Als die Hütte fertig war, haben wir aber sofort gesehen, dass da was fehlte. Den Jungs ist das nicht aufgefallen. Hauptsache, die behaupten immer, wir hätten keine Ahnung. An einer Wand war eine Lücke, da hatten die Jungs ein schmales Brett vergessen. Als wir ihnen gesagt haben, dass da was fehlt, haben sie uns geantwortet, dass sie bei der ganzen Arbeit nicht an alles denken können.

Wir Mädchen haben es aber sofort gesehen.

Jannik hat gesagt, dass sie nicht Bretter tragen,

aufbauen, hämmern und gleichzeitig auf Lücken

achten können. Das könnte man auch später

noch verbessern. Haha, hab ich mir gedacht.

Ich habe mal irgendwo gehört, dass wenn man mehrere Sachen gleichzeitig macht, es Multi...Dingsda heißt. Ich habe auch gehört, dass Jungs sowas nicht so gut können wie Mädchen. Als ich die Lücke gesehen habe, dachte ich, dass das so ein Multidingsda ist.

Mein Urlaub am Meer

Ich heiße Michelle und bin neun Jahre alt. In den
Sommerferien sind wir mit unseren Eltern in den
Urlaub ans Meer gefahren. Wir waren zwei
Wochen dort und haben in einem Haus gewohnt.
Ich durfte meinen Koffer zu Hause schon ganz
alleine packen und habe alles mitgenommen,
was ich in den zwei Wochen brauche. Etwas zum
Anziehen und ganz viel Spielzeug. Vielleicht ist
mir ja irgendwann mal langweilig oder es regnet
und wir können nicht raus. Mama hat mir später
gesagt, dass ich doch etwas vergessen hatte.
Meine Zahnbürste war nicht im Koffer. Als ich
Mama gesagt habe, dass da einfach kein Platz
mehr in meinem Koffer war, hat sie gelacht .

Na ja, einen Platz haben wir dafür dann doch noch gefunden.

Wir sind mit dem Auto in den Urlaub gefahren. In den Kofferraum hat fast nichts mehr gepaßt. So voll war der! Ich glaube, wir wären gar nicht so lange gefahren, wenn mein kleiner Bruder nicht immer während der Fahrt gerufen hätte, dass er auf`s Klo muß!

Als wir angekommen sind, haben wir unser Koffer ins Haus getragen. Ich habe mich dann erst einmal umgesehen und mir das größte Zimmer im Haus ausgesucht, weil ich ja auch den größten Koffer dabei hatte!

Bis zum Meer war es nicht so weit.

Wir hatten ganz tolles Wetter und waren ganz oft am Strand. Ich habe zusammen mit den anderen Kindern Sandburgen gebaut. Mein Bruder ist noch viel kleiner als ich und wollte immer mitspielen.

Aber jedesmal, wenn er dabei war, ist etwas von der Burg kaputt gegangen.Meine Eltern haben gesagt, dass liegt daran, dass er noch nicht so groß ist wie meine Freunde und ich. Er weiß eben nicht, wie man damit umgeht. Deshalb haben wir ihm einfach eine kleine Sandburg neben unserer gebaut. Wenn die kaputt ist, ist das nicht so schlimm und ich glaube, er hat sich richtig darüber gefreut!

Einen Koffer voller Spielsachen hätte ich gar nicht gebraucht.

Es hat nur mal kurz geregnet und dann war die Sonne sofort wieder da. Ich habe mit meinen neuen Freundinnen fast immer nur draußen gespielt.

Ich wäre am Liebsten immer nur am Strand gewesen, aber unsere Eltern wollten auch Ausflüge mit uns machen.

Am letzten Tag war ich irgendwie traurig. Der Urlaub war viel zu schnell vorbei. Ich habe Mama gefragt, ob wir vielleicht im nächsten Sommer wieder hier sind und sie hat gesagt, wenn es uns dort so gut gefallen hat, kann das sogar sein.

Stimmt doch gar nicht!

Ich heiße Ben und bin zehn Jahre alt. Wir wohnen in Essen. Als das neue Schuljahr angefangen hat, bin ich auf die Gesamtschule gekommen. Hier ist alles neu für mich und am Anfang hat mir das schon etwas Angst gemacht. Die neue Schule ist zum Beispiel viel größer als die Grundschule. Eher gesagt, riesig ! Aber hier sind ja auch viel mehr Schüler und die brauchen alle eine Klasse. Einige sind schon richtig groß und im nächsten Jahr mit der Schule fertig. Mein großer Bruder hat mich in den Ferien gefragt, ob ich die Geschichte von Micha kenne.

Mein Bruder war früher auch auf dieser Schule und hat mir erzählt, dass ich mir den Weg vom Klassenzimmer zur Mensa immer gut merken muß, weil ich sonst verloren wäre. Dann würde es mir wie dem Fünftklässler Micha gehen.

Ich hatte keine Ahnung, wer dieser Micha war. Deshalb habe ich meinen Bruder gefragt, wen er damit meint. Er hat geantwortet, dass Micha vor vielen Jahren Schüler einer fünften Klasse dort war und weil das Gebäude sooo riesig ist, hat er sich damals auf dem Weg vom Klassenzimmer zur Mensa verlaufen. Man hat ihn erst drei Tage später gefunden und er ist nur nicht verhungert, weil er zum Glück seine Brotdose dabei hatte.

Das habe ich meinem Bruder Felix natürlich nicht geglaubt, bis er mir gesagt hat, ich sollte doch ruhig unseren Direktor, Herrn Schulz fragen.

Der hat ihn damals gefunden. Das habe ich dann auch getan. Ich habe Herrn Schulz schöne Grüße von Felix bestellt und ihn nach der Geschichte von Micha gefragt. Herr Schulz hat mich angeguckt und fing ganz laut an zu lachen.

Dann hat er gesagt, dass es niemals einen halb verhungerten Micha, der sich verlaufen hatte, an dieser Schule gab. Allerdings erinnerte er sich sehr gut an meinen Bruder Felix, dem ich ebenfalls schöne Grüße bestellen sollte. Das habe ich dann auch getan.

Bis heute habe ich mich an dieser Schule noch nie verlaufen.

Alles Tradition ?

Ich heiße Marie und bin elf Jahre alt. Ich wohne in Mönchengladbach. Als ich in die neue Schule gekommen bin, wurde mir erzählt, dass die neuen Fünftklässler in die Mülltonne gesteckt und von den Großen immer geärgert werden. Das hat mir wirklich Angst gemacht. Ich habe selbst gesehen, wie andere Fünftklässler in Tonnen gesteckt und geärgert wurden. Es waren auch einige meiner Mitschüler dabei.

Weil ich wissen wollte, warum die Großen das so machen, haben meine Freunde und ich einfach eine Lehrerin gefragt. Sie fing an zu Lachen und hat gesagt, dass es wohl eine Tradition an der Schule ist. Dann wollte sie wissen, ob wir auch schon in einer Tonne gelandet sind.

Zum Glück war das nicht so. Die Kinder, die schon in so einer Mülltonne waren, haben auch erzählt, dass sie sich weh getan haben. Ich hatte jeden Tag Angst auf den Schulhof zu gehen. In einer Pause kamen plötzlich zwei Mädchen auf mich zu und haben mich geärgert. Danach meinten sie, ich solle aufpassen, weil die Jungs wieder Kinder in Tonnen stecken. Da habe ich mich die ganze Zeit versteckt. Aber später habe ich dann gesehen, dass ich das gar nicht mußte. Anscheinend wurden nur die Jungs in diese Mülltonnen gesteckt und da fiel mir ein Stein vom Herzen. Glück gehabt ! Ich war sehr erleichtert und konnte von nun an ganz normal über den Schulhof gehen.

Mittlerweile bin ich in der sechsten Klasse und froh, auf dieser Schule zu sein.

Hier findest Du Platz für Deine eigene Geschichte

und Deine Bilder !